Wehmutslieder

Leander Maria Lauscher

Wehmutslieder

LEANDER MARIA LAUSCHER

IMPRESSUM

Bibliografische Information der Deutschen Nationalbibliothek:
Die Deutsche Nationalbibliothek verzeichnet diese Publikation
in der Deutschen Nationalbibliografie; detaillierte bibliografi-
sche Daten sind im Internet über dnb.dnb.de abrufbar.

©2023 Leander Maria Lauscher

Umschlag, Satz, Herstellung und Verlag:
BoD – Books on Demand, Norderstedt

ISBN: 978-3-7578-7820-7

Leben will blühen und Dasein ist kostbar ...

Vorwort

Dem langen Ringen mit der Ungewissheit folgt der Triumph, der keinerlei Bezüglichkeit mehr kennt. Wer sollte das Ungebundene noch berühren? In immer neuen Wachheitsschüben nimmt die Verwunderung zu: Der Baum ist Bild geworden, der Vogel Melodie, die Nacht Traum. Die Seele und das Herz sind nicht verschollen und untergegangen. Sie weben wie Lächeln des schlafenden Kindes durch das genannte Wirkliche. Aller Auflösung, aller Zerrissenheit zum Trotz erhält sich der poetische Kern. Anmaßung scheint das Leben lange. Immer aber lockt der Ruf des Schönen und rechtfertigt den Schmerz und die Pein der bitteren ersten Vergeblichkeit. Woher dieses Gute? Freundlich grüßen die Gestorbenen in den heiligen Büchern. Nicht von der Gegenwelt künden sie. Im Ästhetischen findet Erscheinung erst ihre Möglichkeit. Unendlicher Dank gebiert sich für jede Stimme, die sich wider alle Hoffnung zum künstlerischen Preis des strengen Lebens emporgerungen hat. Schmerzen, wie sie den Laokoon ewig durchdringen, peinigen den stillglühenden Dulder. Der lässt am Ende los, streift alles Erfahrene ab, um leicht zu sein und leer. Da starren die dunkeln Wasser in ehernem Glanz und prangen die goldenen Früchte im tiefgrünen Laubwerk. Lauterer Bann hält so das Gemüt mild umfangen. Gesichte werden zu Worten, die wahr sind und zeugen vom Menschsein. Das Getreidekorn muss vergehen, dass sprieße der Keim der Verwandlung. Im Abendwind wiegt sich die Ähre und trinkt Fülle des Sommers. Schon rauschen die Fernen vor blauendem Himmel. Die Dinge verkünden die Ankunft, unmissverständlich sind Zeichen sie der Versöhnung. Freundlich nickt Schicksal zum heiteren Abschied.

Dichters Schweigen

I

Unendliche Gedankenmassen
umschweben unbestimmbar Räume,
nur den durchdringen wahre Träume,
der einsam jede Welt verlassen.

Getragen ist von tiefem Sein,
auch der verloren abseits steht,
das Wunder ihm durchs Innre geht,
genau wie durch den kalten Stein.

Von Ferne blickt die Erde an
voll Gleichmut und Verwunderung
das Selbst nach seiner Läuterung,
die traurig mit dem Tod begann.

Aus ungekannten Tiefen tauchen
in reiner Form Gedanken auf,
sie scheiden still das Schöne vom Chaos,
das immer will die Seele verseuchen.

Wenn sich der Blick nach innen wendet
und dort klar sieht, was ewig ist,
rückt näher noch die kurze Frist,
nach der des Lebens Reise endet.

Und wahre Dichtung ist ein Schweigen,
in dem die Toten selig ruhn.
Nur manchmal regen sie sich kühn,
um sich dem Dasein zuzuneigen.

Die Wolke

Sie türmt sich mächtig, mächtig in die Höhe,
steht dort am Himmel still und einsam da;
wie wird bei ihrem Anblick mir so wehe:
Ich wollt, ich wär wie sie, wär ihr nur nah.

In ihren weißen Schaum mich weich zu betten,
die Erde läge unter mir ganz ferne,
vergessen, eingehüllt von dunklen Schatten,
erahnend im Azur die goldnen Sterne:

Wie wundersam ist solches Wehmutsbild,
wo es mich jäh dem Alltagswahn entreißt
und meine eitlen Pläne vor mich stellt,
aus denen sich nur größres Leiden speist.

Dann o wie schwer fällt jeder Atemzug
und jeder Schritt in sinnentleerter Qual,
wenn sich vor meines Geistes reinem Flug
die Wahrheit spinnt: Hast du denn nicht die Wahl,

dich vor dem tiefen Sehnsuchtsschmerz zu beugen,
den dir ein Engel in den Busen trug,
um so des Himmels Weg dir aufzuzeigen
und zu entzünden dir der Gottheit Glut?

Sie türmt sich mächtig, mächtig in die Höhe,
prangt weiß am Himmel, sie ist wirklich da!
Ich weiß schon lange nicht mehr, wo ich stehe,
seh eine Welt, wie ich sie niemals sah.

Wenn doch nur die Sterne fielen

Einst lag ich auf einer Wiese,
über mir hing schwarze Nacht
und der Mond, ein sanfter Riese,
gab mir leuchtend neue Kraft.

Wenn doch nur die Sterne fielen
und ihr Licht erlösche stumm,
wie wärn dann die ach so vielen
Leiden meines Herzens um.

Nicht mehr müsste ich dran denken,
was das Denken denn nun sei,
niemand davon mehr ablenken,
was ich bin, bin ich nur frei.

In mir bräche auch zusammen
meines Geistes falscher Halt,
nie mehr trieb mich das Verlangen,
blind zu leben mit Gewalt.

Menschen würden mir verschwinden,
Träumen gleich im Nichts zergehn,
Welt, dich müsst ich überwinden,
um die Dunkelheit zu sehn.

Wie ich dalag, drang ein Schauer
süß mir in die Glieder ein,
doch es mischte tiefe Trauer
schwer sich in die Ahndung drein.

Bin für immer angekommen
ich nun mal an dieser Stelle,
die mein Körper sich genommen,
um zu dienen mir als Quelle

rasch verglühter Seelenkräfte.
Darum flieh ich, wenn der Mond scheint,
in den weichen Schoß der Nächte,
wo still des Propheten Wort keimt.

Bin ich dann in mir versunken,

schwebt mir klar mein Schicksal vor

und von ewiger Wahrheit trunken

dringt es gottgleich an mein Ohr:

Öffne deine Seele weit,

hör das Lied des Lebens spielen!

Ach, schon längst wär ich bereit,

wenn doch nur die Sterne fielen.

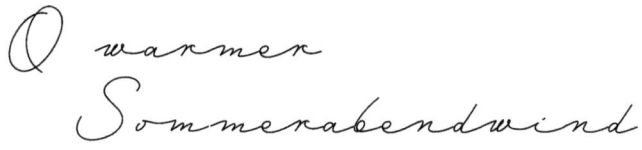

O warmer Sommerabendwind

O warmer Sommerabendwind,
mit dir möcht ich verwehn
und als ein erdgebornes Kind
den Sternenhimmel sehn.

Wehmutslied

Wenn über den Baumwipfeln
die Nacht schon steht,
den Gräser am Fuß kitzeln,
der barfuß geht,

der volle Sommerduft
die Seele speist
und nicht das Augenlicht
den Weg mehr weist,

erwacht das stille Bangen,
der stumme Schmerz,
der sonst nicht darf gelangen
ins arme Herz.

Und ich bin wirklich sterbensmüde,
sehn mich so sehr nach Himmelsliebe.

Die Lindenbäume blühen
und duften fein.
Wie meine Adern glühen,
weiß ich allein.

Im Gras die Grillen zirpen
ihr Wehmutslied.
Wie in mir Kräfte wirken,
die keiner sieht!

Am Strauche schaurig schweben
Glühwürmchen leis.
Was anders ist das Leben
als Angst und Schweiß.

In meiner Brust brennt große Leere,
schon geb ich nach der süßen Schwere.

Im wandle frei und einsam
im Mondenschein
und lebte so genügsam,
wär ich allein

auf dieser weiten Erde
mit der Natur.
Denn was ich bin, was werde,
darf bei Nacht nur

sich voll und ganz entfalten.

Und seh den Stern,

sein Glühen ich erkalten,

dann wein ich gern.

Und ich bin wirklich sterbensmüde,

sehn mich so sehr nach Himmelsliebe.

In meiner Brust brennt große Leere,

schon geb ich nach der süßen Schwere.

Königliches Sehnen

Ich suchte lange nach dem Land,
der Heimat meines tiefen Sehnens,
dort ich mit losgelöster Hand
die Gnade fände wahren Säens.

Ein König war ich auf der Reise
ins ungewisse, ferne Land,
sah vieles Reich auf diese Weise
und unter mir der Boden schwand.

Oft wechselte ich das Gewand,
mancher mich einen Bettler nannte,
doch blieb ich König ohne Land,
solang die Brust vor Sehnsucht brannte.

Bald schien mir, es sei nicht zu finden
in dieser Welt ein solches Land,
die Saat im Dorn gar zu verschwinden,
bis ichs in deinen Augen fand …

Mars und

Venus seufzt:

O du bleicher Jüngling zart

bist von andrer, fremder Art,

siehst mit Feuerblick mich an,

den ich kaum ertragen kann,

weil du nicht begreifen willst,

dass vor Lust du überquillst,

denkst nur Kampf und wilden Streit,

wie er Volk und Mensch entzweit.

Nun du schläfst, hauch ich dir ein,

was die Liebe dir kann sein,

Lanz und Helm leg ruhig ab,

dir ich weis den Weg ins Grab,

dort du findst der Helden Ruh,

lächelt dir die Schönheit zu.

Auf der Erd herrscht Frieden dann,

wie Vernunft ihn sich ersann,

als des Lichtes Reich begann.

Venus

Mars träumt:
Blaue Mädchenaugen strahlen
mich so süß, so lieblich an.
Weiche Zauberfarben malen
mir die Welt, die ich ersann
einst als blaue Nebelfernen.
Sanft die Rosenlippen brennen,
sich zu üben unter Sternen,
sich zu kosen und zu kennen.
Lächelnd saug ich aus den Reben
dunkeln Saft wie rotes Blut,
ganz dem Leben mich zu geben,
einzutauchen in die Flut
selbstvergessner Trunkenheit.
In den tiefen Fernen brennen
Sterne hell in Dunkelheit,
deinen Namen mir zu nennen,
mir zu scheinen allezeit.

Lied der Nachtigall

Ich wanderte in stiller Nacht,
da hörte ich sie singen,
so lieblich war ihr Sang, so sacht,
mit Tränen musst ich ringen.

Es war der Sang der Nachtigall,
der meine Sehnsucht stillte,
in meiner Brust erlosch die Qual,
die Freude mich erfüllte.

Ich harrte lauschend in dem Wald,
um mich war nichts als Dunkel
und meiner Sinnen einzger Halt
war hoch das Sterngefunkel.

Als würd sie sich von innen nahn,
traf mich die süße Stimme,
sie sprach von holdem Liebeswahn,
von grenzenloser Wonne.

Sie sang ihr vielgestaltes Lied
fern in den schwarzen Bäumen,
die Welt ward mir so sorglos lieb
wie einst in Kindesträumen.

Verzaubert blieb ich lange stehn,
kaum fand ich mich mehr wieder,
vom Himmel blickten kühl und schön
die Sterne auf mich nieder.

Kindertrost

O jemine!

Mein Herz tut weh!

Was mach ich nur?

Ich geh hinaus

in die Natur

und wein mich aus!

Dichters Schweigen

Die letzten Blätter hängen zitternd
an losen Zipfeln kahler Bäume,
bis sie der Wind fest und erschütternd
hinfort reißt und weit trägt in Räume,

in denen Himmelspforten offen
stehen für ihren freien Flug.
Was aber hat der Baum zu hoffen,
der, nunmehr nackt, sie lange trug?

Ich wär auch gerne Dichter worden
und ließ mich gern von schönen Worten
durch unverschlossne Himmelspforten

dem leichten Blatt im Wind gleich tragen,
würd nicht am Menschsein ich verzagen
und mir dabei die Seele morden.

Ersticktes Weh

Der Wind geht laut
durch Fensterspalten,
nach draußen schaut
scheu und verhalten

die müde Seele.
Nichts schaut sie dort,
das ihr verhehle,
wie leer der Ort,

an dem das Leben
sich ewig abspielt.
Mit einem Beben,
das Dinge anspült

(so manchen Kram
und Firlefanz),
bedrängt der Wahn,
der Wellentanz

der äußern Welt
das Engelsherz.
Und tapfer hält
sich wasserwärts

dasselbe Herz
in scheuer Ruh.
Ein leiser Schmerz
nach süßem Du

bewegt im Innern
die müde Seele.
Wer hört ihr Wimmern?
Dass sie sich quäle

im Takt zu gehen,
weil keiner je
sie wird verstehen,
ist großes Weh!

Ist großes Weh,
das tief verborgen
gleicht einem See
erstickter Sorgen.

Der Wind geht laut
durch Fensterspalten,
wer Wahrheit schaut,
wird bald erkalten.

Schwer, langweilig ist mir die Zeit.

Schwer, langweilig ist mir die Zeit,
oft denk ich lang ans Sterben,
verberge täglich tief mein Leid,
mein Wesen muss ich färben,
um zu bestehn, dass mich verstehn,
die Menschen in ihrem Sinne.
Wer ahnte schon,
wie falsch der Ton
in meiner müden Stimme.

Schwer, langweilig ist mir die Zeit,
an Gott mag ich mich wenden;
er zögre nicht – ich bin bereit –
sein reines Licht zu senden.
Ich kann nicht mehr, es ist zu schwer,
mein Dasein zu ertragen.
Die Welt ist Traum,
ich wag es kaum,
den Himmel anzuklagen.

Schwermut

(als Tienappel sich aufmachte, Hans Castorp ins Flachland
zurückzuholen)

Im Geist tret ich den Freunden gegenüber,
den alten, die nur flüchtig von mir wissen,
in deren Angesicht ich mich verliere
und denen ich versunkene Unstimmigkeiten
vergeblich unterbreite wachzurufen.
Wie ihnen dann geschieht, verstehn sie nicht,
denn alles scheint sich gänzlich aufzulösen.
Schnell wollen sie hinfort, um zu verleumden.
Wie bin dem Leben ich abhandenkommen. –
Die Taten sind mir nichts als stummes Achselzucken.
Die vielen Worte will ich nicht mehr wägen.
Gleichgültig lass ich fern die andern siegen.
In schwarzen Wald zu gehn, ersehnt mein Seel sich
und als ein schwerer Körper warm zu sterben,
von Nacht und Nebel gnädiglich beschirmet.
Vielleicht wird im Vergessen mir dann Frieden.

Schmerzlicher Kampf

Nun steh ich fest im Raum auf beiden Beinen
und keiner, den ich nicht mehr unterwerfe,
der nicht erstarrt vor meiner Stimmen Schärfe.
Wieso nur muss ich aber immer weinen,

wenn ich des Nachts den sanften Mond erblicke
und Wolken still an ihm vorüberziehn?
Wie gern würd ich mich ihnen dann verwehn,
als Wind befreit von jeder Erdentücke,

die lauernd in verstockten Herzen haust.
Ach, wieso kostet Freiheit so viel Kraft?
Schon längst bin ich des vielen Kämpfens müde.

Es ist die Niedertracht, vor der mir graust;
solang ich streite, wehre ich der Macht,
seh ich den Mond, dann sehn ich mich nach Liebe.

Berechnung aus Not

Den ganzen Tag, an jedem Ort,
wo Menschen an dein Wesen traten,
warst du im Innern ganz weit fort,
in einem unberührten Garten.

Die Züge deines Angesichts,
die Farben deiner falschen Stimme
verwandelten sich wie im Nichts
zu deiner Nächsten hohlen Wonne.

Du sagtest dies, sie lachten laut,
du zeigtest dort, sie schauten auf.
Doch unter deiner Seelenhaut
war dir die Welt ein schlichter Graus.

Du triebst sie, wie man Schafe treibt,
und gingst dann weg als freier Mann.
Du hast dich deiner selbst entleibt,
damit dich nicht mehr greifen kann,

der blind nur durch sein Dasein eilt.
Was du gewollt, das hast du nun:
Im Geist noch eben arg verkeilt
mit fremder Menschen regem Tun,

bist endlich du mit dir allein.
Nun könntst du dich der Liebe schenken
und schwärmend halbwegs glücklich sein,
wär nicht so kalt und schwer dein Denken

und überfiel dich nicht gewaltig
des Nachts die volle Wirklichkeit.
Der Weg der Flucht ist mannigfaltig,
kaum einer für die Macht bereit,

die sich als Gnade offenbart.
Dringt dann der Wahrheit reines Licht
ein in den Garten spürbar zart,
erschließt sich dir der Gottheit Sicht.

Flucht in die Wahrheit

Je klarer ich die Erde sehe,
wird größer noch das schwere Wehe,
das mir das Leben stets verleidet.
Was soll ich mich denn täglich zwingen,
der Menschen Lügenlied zu singen,
das sich vom Wahn nicht unterscheidet?

Ein jeder spricht in seinem Sinne
und laut ertönt die falsche Stimme,
die sich im leeren Raum verliert.
Ach, auszubrechen und zu schweigen,
aufs Himmelszelt voll Schmerz zu zeigen,
wär Tat, die wahres Glück gebiert.

Die Reinheit meines Geists zu lieben
und Seelengröße frei zu üben,
ist mir ein wahres Ideal.
Wo aber Oberflächlichkeit
ist das Gebot der hohlen Zeit,
da wird es mir zu Leid und Qual.

Allein schwimm ich ins Meer hinaus
und bändige streng Schreck und Graus,
wenn sie mich in die Tiefe ziehn.
Denn eines hoff ich zu erfahren:
Ein Gott mag dem die Gunst bewahren,
der niemals wird sein Antlitz fliehn.

Herbstklage

Was bliebe denn auf diesem Sterne
der tiefen Nacht und Einsamkeit,
wenn mitten in des Tages Lärme
im Nichts erstarrten Raum und Zeit?

Nun Herbst es ist, die Blätter fallen,
jed Tier sucht sich den Platz zur Ruh
und dumpfe Greise schläfrig lallen,
die Mutter deckt ihr Kind sacht zu.

Was wäre, wenn da nichts mehr käme,
wenn alles aus wär und vorbei,
wenn lang verklungen alle Töne
und fern verhallt der letzte Schrei?

Die Winde wehen, Regen rauschen,
Holzscheite stapeln im Verschlag,
die Nachbarn letzte Blicke tauschen
und kürzer wird der fahle Tag.

Die Illusionen alle brechen
im Tod des Sommers jäh entzwei,
die Kinder schon von Weihnacht sprechen,
der Jäger zielt nach dem Geweih.

Die Briefe werden wieder länger,
die Wolken künden: Bald es schneit.
Die Leere dräut, das Herz wird bänger,
Gedanken bringen Schmerz und Leid.

Der Wanderer

Im tiefsten Schnee und Winterwald
schritt ferne einher eine dunkle Gestalt.
Erst blieb sie lange unbestimmt,
dann kam sie näher im eisigen Wind.
Am Leibe trug sie ein rotbraunes Fell,
im Grunde jedoch erscholl wildes Gebell.
Bei einer Hütte blieb sie stehn
und dachte bei sich wohl hineinzugehn.
Davor drei große Tannen stunden,
die stachen dem Himmel drei blutende Wunden.
Sie schaute wie still an den Stämmen empor,
die Krähen dazu krächzten höhnend im Chor.
Aus den Wunden drang blendend ein gleißendes Licht,
das sich tief in die Herzen der Schlafenden bricht.
Und überall starrte ein lauschendes Schweigen,

wie des Winters Landschaften ist es zu eigen.

Und was man immer geworden war,

nichts glich sich mehr, nicht ein einziges Haar.

Denn geopfert ein Leben der goldenen Kälber,

blieb des Einsamen Trost nur der Gang in die Wälder.

In den Zweigen hing Dämmer, es war jählings spät,

im Schnee ihre Spur schon in Bälde verweht.

Das Tor zur Nacht

Unter meinen Füßen schwindet
der Asphalt dahin,
über meinem Kopfe windet
es, wo ich auch bin.

Stets hält sich die stumme Erde
fest in ihrem Lauf,
Mensch, gut kennst du die Gebärde
und schon bricht sie auf.

Eine Seelenregung nur:
Welt, du gehst entzwei;
sonst verhüllt in der Natur
ist die Urkraft frei.

Und wenn ich sterbe, bin ich tot,
dann komm ich nicht mehr wieder.
Und wenn ich sterbe, ist die Not
von hier auf jetzt vorüber.

Wolken ziehen durch den Himmel,
streng gepeitscht im Wind,
durch die Massen, das Gewimmel
gleit ich wie das Kind.

Auf dem Boden kleb ich eisern,
spring ich noch so sehr,
einsam zwischen starren Häusern
dünkt das Sein mir leer.

Lass ich aber endlich keimen,
was still in mir liegt,
wird geballt die Macht erscheinen,
die den Raum verbiegt.

Und wenn ich sterbe, kommt ein Boot,
das trägt die müden Glieder.
Und wenn ich sterbe, nimmt der Tod
mich in sein Reich hinüber.

Offen steht das Tor zur Nacht,
es umwirbt wie Düfte:
„Lange Zeit hast du verbracht
in der Seelenwüste

einer blind bewegten Welt,
die nicht überwinden
wird kein Mensch und auch kein Held.
Was willst du noch finden?"

Eine süße Wahrheit bleibt mir,
die mich lächeln macht:
Was ich suchte, fand ich in mir
wie von selbst vollbracht.

Denn wann ich sterbe, weiß noch keiner,
solang mein Geist sich regt.
So harrt das Boot im Stillen meiner,
bis es mein Fuß bewegt.

Dichters Schweigen

Wo ich tagein, tagaus den Menschen schau,
ist mir stets klar: Den kenne ich genau.
Als Kind schon sah ich ihn vom Wahn getrieben,
erahnend bald: Ich passe nicht ins Raster.
Weshalb ich, wo es ging, ihm ferngeblieben.

Ich wandelte allein auf dunklen Wegen,
der ganzen Welt dünkt ich mich überlegen.
Von niemandem ließ ich mir etwas sagen,
bis ich die Freiheit tapfer mir errungen,
die Dichter nur sich anzueignen wagen.

Jedoch am Abgrund stand ich ohne Halt,
mein Geist war krank, ihm fehlte die Gestalt:
Und starb in mir auch ein verfälschtes Ich,
erfasste mich ein umso düstres Grauen:
Mein wahres Ich, nach dem ich griff, entwich.

Der grenzenlosen Leere Herr zu werden,
um nicht vor Seelenschmerz und Pein zu sterben,
blieb in der Not mir nichts als laut zu schreien.
Im Nichts der Außenwelt ging ich verloren,
mein Innerstes begann sich zu entzweien. –

Es kostete mich manches schwere Jahr,
zu werden, was ich von Geburt schon war.
Nun darf ich endlich wieder friedlich schweigen,
weil ich die Sprache fand, mich auszudrücken
und dankbar auf das Himmelszelt zu zeigen.

Ohnmacht

Wer soll diese Welt ertragen?
Aus der Ferne dringen Stimmen
armer Menschen, die verzagen,
deren Leben stumm verglimmen.

Bitter drücken sie die Sorgen,
die auf ihnen eisern lasten;
lang vorbei schon ist der Morgen,
da die Seel noch durfte rasten.

Keiner, der sich um sie kümmert,
der sich schenkt in Gottes Hand,
der es hört, wo einer wimmert,
der zerreißt der Ängste Band.

Ach, verstockt sind ja die Herzen
dieses irrenden Geschlechts
und doch brennen still die Kerzen
Gottes, spendend Licht des Nachts,

in der tief gefallnen Brust.
Jeder flieht die reine Flamme,
wirft sich rasend in den Wust
maßlos-stumpfer Sinneswonne.

Stürzten einstmals nicht die Säue
sich ins Wasser und ertranken?
Wies der Meister ohne Reue
die Dämonen nicht in Schranken?

Baten, die es sahen, nicht
den Propheten fortzugehen,
weil sie seine Stärke schlicht
kaum vermochten anzusehen?

Wer soll diese Welt ertragen?
Taub sind all die dumpfen Ohren
für der Schwachen lautes Klagen:
O wie gleicht der Mensch dem Toren.

Widerstand

Denk mir keiner, ich vergehe,
nur weil ich kein Licht mehr sehe;
so schnell will ich mich nicht beugen,
weinend auf den Knien zeigen,
nur weil mich die Welt erdrückt!
Hab ich euch umsonst gepflückt,
dunkle Rosen freien Denkens,
dir ihr reines Schauen gebt,
Wahrheit auch, der nach ihr strebt?
Nur weil Himmel auf mich stürzen,
soll ich wohl den Weg verkürzen,
der ins Nichts führt ohne Grund?
Alles reißt mich in den Schlund
eines nie verstandnen Seins.
Einsam tret ich in die Nacht,
wenn sie mich auch zittern macht,
Winde zornig nach mir greifen,
stumme Geister um mich schweifen,
Regenschauer auf mich prassen:
Leid sei Leid, ich kanns nicht fassen,
da zu sein, nun da zu sein!

Die Donau

Fernab von Menschenlärm und Ungemach
fließt waldbeschirmt herab der stille Strom.
Die freie Kindheit wiegt er, die nicht wach
will werden, sie umfangend, wie im Dom

der Stein das reine Licht in sich verbirgt.
Das enge Dorf, was ists dem Spiel des Kinds,
das Haus, Weg, Mauern zauberhaft durchwirkt,
vor dessen Fülle Worte in des Winds

uraltem Lispeln zauberhaft vergehn.
Und tobt der Sturm mit sengender Gewalt,
die Stämme starrend an der Halde stehn,
im Sturz hinab die Böschung bieten Halt

sie, wenn im Reifen sich das Leid gebiert,
das Leiden an des Denkens kalter Kluft,
die sich allein im Sternenfall verliert.
Das Herz nun nach der Kindheit sehnlich ruft.

Durch luftgewiegte Felder führt der Weg,
dahin, dahin, wo weich die Seele ruht,
bis lauscher sie so stille wird am Steg,
im Gang des Wassers ausklingt ihre Flut

der Ziele, Wünsche, eitlen Träumerein.
Das gleitet schmiegsam, wohlbehüt im Bett
und schimmernd als ein Seidenschleier fein,
als ob es in sich sein Zuhause hätt,

als barg ein Wissen es, das jenseits schweigt
vom Trug der Dinge, Farbe, Form und Duft,
und doch vor ihrer Schönheit sich verneigt,
die leis das Herz verführt, dieweil es ruft.

Und hoch die Silberweide träumend rauscht,
sie flüstert ein dem Wind das heilig Wort,
dem hingegeben fromm die Seele lauscht,
tief atmet sie den Hauch und es schwebt fort ...

Erinnrungsschwer zur Halde schweift ihr Blick,
erahnend fern das Leben streng und hehr,
im Schoß die Sterne trägt der Strom zurück
ihn lächelnd und dann weiter bis ans Meer ...

Reh im Wald

Der Regen rieselt auf dem Blätterdache
wie ferner Kindheit Stimmen fremd und leise.
Ein letztes Winken vor der langen Reise:
Es bleibt nun keiner, der mit uns noch wache.

Und immer biedert irgendeine Sache
sich an zur Flucht: Schon fährt man im Geleise. –
Ein goldner Schimmer in der Stämme Schneise,
kaum sichtbar, wie ein Lächeln dem Gelache ...

Ein Zweig, der bricht, und scheue Augen bangen ...
Doch dann obsieget selbstgewiss ein Wagen,
die stumme Wirklichkeit frei zu umfangen. –

„O Zeit, in der wir leben, zum Verzagen
ist sie", rinnt es von falben Blätterwangen.
Wir sind die Zeit nur, die wir in uns tragen.

Kirschblüte

Der Knospe Fülle hielt sich ungewisse
Momente noch, als wärs die Ewigkeit,
dann wich sie leis, von strengem Zwang befreit
wie sehnsuchtsvoller Lippen erste Küsse.

Ihr zartes Weiß als Goldglanz zu entzünden,
hat eine Welt verändert ihr Gesicht;
der Frühling in den Schein der Dinge bricht,
als sollt er ihr die heilige Zeit verkünden.

Am Zweige hangend Spiel der warmen Winde,
von Ferne nichts, ein Punkt im Blütenflaum,
hat sie vergessen, wo sie sich befinde,

die aufgeschlossene Knospe hält sie kaum;
doch ist sie stärker als die dickste Rinde:
So trägt sie sich und trägt den ganzen Baum.

Im See

Kaum hast das Bild du im Azur gesehen,
ein lieblich Vöglein, einen Diskuswerfer,
als wie der Marmor zeichnet es nicht schärfer,
schon wird die Wolke still im Wind verwehen.

Siehst dann die Sonne du am Himmel stehen,
wie sich ihr Glast weit übers Wasser legt,
der See in goldnen Wellen zart erbebt,
dringt in die Brust dir erstes Halbverstehen.

Und ahndungsvoll lauschst du der Lerchen Singen,
spürst tief die Töne in dir widerklingen,
vernimmst am Ufer fern die Buben raufen,

die ihrer Kindheit unbemerkt entlaufen,
zu streben nun nach süßen Erdendingen:
Schon bald wird Sommer sie in Liebe taufen.

Herbstbrand

Die Hänge stehn in hohen Flammen,
sie lodern wilden Widerstand,
nicht lang, dann ist das Rot der Wangen
vergangen und zu Staub verbrannt.

Vereinzelt recken Tannenbäume
die dunkeln Wipfel grad heraus,
sie mahnen, dass man nicht versäume
zu stiften sich ein festes Haus.

Dort schimmernd pranget auf der Höhe
die Burg und starret unbewegt,
so harrt die Seele, bis das Wehe
des Feuersturms sich lind gelegt.

Und gülden hangt die schwere Sonne
tief über der Gebirge Band,
verkündend Lohn und letzte Wonne,
bis sie in heilge Nacht gebannt.

Nebel

Wie gern trat aus dem Haus ich scheu, verlassen,
wenn ers verstand, dem Dorf die Form zu nehmen,
in ihm sich Wände auflösten zu Schemen,
ich schleichen durfte heimlich durch die Gassen.

Kein Blick der Menschen drohte mich zu fassen,
kein Namensruf von Ferne mich zu lähmen;
die Grausamkeit des Augenlichts zu zähmen,
ward aus der Zwischenwelt sein Flor entlassen.

Wie eines aufgescheuchten Rehes Fliehen
war mir das Herz, ich selbst bloß grauer Schatten
und Baum und Stein, wenn seltsam sie erschienen,

warn nichts als Fragen, denen sich entziehen
so Ja wie Nein, der Wahrheit treue Gatten:
Die schwanden hin wie falsch verstandne Mienen.

Robinie

Der fahle Winterhimmel lastet schwere
auf in sich selbst gekehrtem, wehem Blick,
auch kahle Bäume drängen ihn zurück:
Die stehen trostlos, dass das Leid sie mehre.

Als schwarze Linie prangst du vor der Leere,
steigst zart empor, dem Licht zu, Stück um Stück,
vertrauend bang erahnst du nahes Glück:
Bald rauschen um dich goldne Blättermeere.

Dein Runden, Neigen ist ein englisch Singen,
das sich den Raum verspielt zu eigen macht,
als würden in dir warme Winde klingen,

die dich einst wiegten in der Sommernacht.
Zahllose Schatten sich in dir verfingen:
Du breitetest die Flügel lächelnd, sacht.

Jenseits aller Welten

Der Sonnenblumen früchteschwere Köpfe
verneigen sich vor der aufgehnden Sonne,
die auf der dunklen Erde dem Geschöpfe
ein Leben schafft in lustgetränkter Wonne.
Und Düfte, ausgesandt wie Fischers Netze,
verführen Hummeln für die kurze Spanne,
in welcher sich Natur in sattem Wahn
ihr ewges Recht erschleicht laut Gottes Plan.

Die ausgedörrten, grauen Blumenkörper
stehn leblos da auf zugefrornem Feld.
Vom Reif bedeckt erglänzen sie wie Schwerter,
wenn kaltes Licht vom Himmel auf sie fällt,
und klirrend formen sich im Rauschen Wörter,
sobald der Wind durch ihre Reihen gellt.
Es ist die Sprache gnadenloser Mächte,
die nie versinken in dem Nichts der Nächte.

Wo einst in üppig heißer Sommerluft
aus jeder Pore Lebenssäfte quollen,
wo dann in ungeheurer, tiefer Kluft
des Winters Biester tollwütig erschollen,
war ich gefesselt in der leeren Brust
ans eherne Gesetz und strenge Sollen.
Doch tönte auch die ganze Welt: Du musst!
In Wahrheit steh ich jenseits aller Welten.

Flieder

Dem grellen Tag sein lüstern Licht zu wehren,
wölbt sich die Laube schirmend wie ein Dom
über der Liebenden geheimen Ton:
Kein Strahl soll falsch sie in der Brust versehren.

Nicht will die Nacht das stille Herz beschweren,
nicht spricht sie aller Seelenruhe Hohn,
denen verkündet leis sie süßen Lohn,
die tristem Leben weis den Rücken kehren.

Aus blühendem Borne fließt der Duft hernieder,
umfängt als schwerer Honig glühende Glieder,
zu kühlen sie in seligem Vergessen.

Die Weltenflucht erschließt den Raum vermessen,
den nur der Träumende weiß zu ermessen:
Der Mund haucht Poesie wie Duft der Flieder.

Hölderlin

Frisch brach ich auf, den Erdkreis zu ermessen,
Ideen trugen mich auf Äthers Bahn,
noch dünkte Welt mir nicht ein eitler Wahn,
auf Lorbeers Rang war ganz mein Sang versessen.

Da kamen solche, mein bei Tag zu messen,
die wurden meiner Fremdheit grundlos gram,
denn seltsam war mir bald der Wille zahm,
ich hatte schleichend, was ich bin, vergessen.

Die Zeit erblühte nun in Ewigkeiten
und Zeichen sah ich sanft hinübergleiten
ins Buch der heiligen Erscheinungen.

Kein totes Wort ertrug ich anzuhören,
von Flusses Laut ließ spät ich mich betören;
in ihm verflossen irr die Meinungen.

Das Meer

Am Strand sind wirr die Spuren noch zu sehen,
tags säumte traumverloren hier ein Kind,
dem spielte in den Haaren frischer Wind
und war sein Spielen bloß ein flüchtig Lehen.

Die dumpfe Brandung seufzt wie stummes Flehen,
weil nichts sich hält und Zeit wie Sand verrinnt.
Die Gischt ist Schaum, der keine Form gewinnt,
an Land der Eltern Rufe fern verwehen.

Auf schwanken Kahn die goldnen Fische springen,
um schimmernd mit dem stillen Tod zu ringen,
die Möwen kreischend mit den Böen fliehn.

In lautern Wassern Muscheln offen prangen,
Licht gleißt und bricht an ihren rosa Wangen,
ans Ufer spiegelblaue Wolken ziehn.

Vollmond

Ganz nah am Horizont dein volles Leuchten!
Entgegen stellst du dich der ganzen Welt!
Dein silbern Licht die Dinge tief enthält,
wo nicht in Dunkelheit sie müd entfleuchten.

Wie sie aus fernem All dich überhäuften
mit Sternenschutt! So nun dir die Gestalt
vor Kratern starrt, die stumme Steine kalt
ins blasse Antlitz dir zu prägen deuchten.

O wie umschwebst in ungezählten Bahnen
die fest vom Schlafe eingehüllte Erde
du als unbändiges Nachthimmelsgleißen!

Die Tier und Vögel unruhig es ahnen,
im dumpfen Menschen zuckt es wie Gebärde
und will ihn weit, weit in die Räume reißen.

Die Plage

(Ostervision)

Die Zeichen nahen gänzlich unerwartet,
nicht harrt der Augen Licht ihres Erscheinens
und unberührt als wie seit Angedenken
lässt sich die wehmutsvolle Seele treiben
durch Räume, die sie endlich schweigen lassen.
Als wundersamer Gast, den durch Gewöhnung
sich Wald und Wolken langsam anverwandelt,
ruht sie in sich, wo auf dem Pfad sie gleitet,
entschwindet sanft, wo schauend sie verweilet.
In Tales Grunde murmelt frisch das Wasser,
sich speisend aus der unverstellten Quelle;
aus tiefverschlossnem Busen drängt die reine
Labsal empor wie lichte Augenstrahlen,
da lieblich sich die rosnen Lider öffnen.
Dorten am Ufer ahndet still der Reiher,
des makellos Gefieder schneeweiß leuchtet,
ein unbestimmter zarter Laut ins Reiche
der heiligen Natur sei eingeschlichen,
wie selten er der Sprache sich entwendet,
als nur vom menschlichen Geschlecht er komme,
dem abgefallnen von der ewgen Einheit,
heillos und schmerzlich seiner gegenwärtig.

Unschuldig steht der Fisch am stummen Orte,
noch trennen Sphären ihn von seinem Jäger,
die kalte Erde birgt die weiße Decke.
Gedämpft erhebt sich weiter Flügel Schlagen.
Ergeben dem Geschehen findet Leben
ein frommes Ende so in reiner Liebe.
Der Venus Glanz erscheinet hell am Himmel,
ihr Licht durchdringt der Wirklichkeiten Schichten,
auflösen sich die kristallinen Schalen
des streng gefügten dunklen Firmamentes.
Solch Schönheit mag Bewusstsein nicht zu tragen,
schon treibt Vertigo, schwanket weicher Boden,
im Fall des Sterns droht Ich sich zu verflüchtgen.
Nicht ziemet euch, nach edlem Herz zu trachten,
Kern göttlichen Geheimnisses zu brechen,
in schwerer Hybris die Substanz zu leugnen,
entleeret scheinen auch schon alle Dinge,
der falschen Form entbotet Götzendienste
ihr siegsgewiss, vermeinet rücklings böse
den Todesstoß der Wahrheit zu versetzen.
Die Lefzen voll des eklen, giftgen Geifers
gabt ihr euch unschuldhohles Angesicht.
Vergebens höhntet ihr des Rufers Schreien,
das er aus tiefer Not gen Himmel sandte.
Herab der Reiher aus den Winterwolken,
vom eisgen Läutrungswind getragen, schwebet,

zu decken mit Verderben weit die Lande,

zu bringen wüste Plagen ihren Frevlern,

bis die Anmaßung ihrer Illusionen

zernichtet sei vom höchsten Weltenrichter.

Das Heilge suchtet frech ihr zu entweihen,

es zu verleumden, um euch zu erhöhen,

im Taumel noch entgleitet ihr euch selber,

die Strafe bricht bei Tag auf euch hernieder,

wird manifest in euren Kunstgebilden.

Nun seht euch um: Denn kündet nicht des Himmels

Gericht vom Wunder auch und Gottes Wirken?

Am Ende aller Tage offenbaren

sich gleißend alle heimlichen Gesichter,

die hehren Absichten, die in der Seichtheit

bequemlichen Genusses nie erfüllten.

Dort wird dem Kampfe mit dem eignen Engel

sich jeder einsam ringend stellen müssen,

das Feuer anzuschauen lautrer Urkraft,

in der Verstellung sich und Trug verzehren.

Wer demütig und liebevoll bestehet

den nächtgen Streit, wird, innerlichst geläutert,

sein eigen Angesicht gewandelt finden,

Versöhnung scheinet ihm in hoher Schöne,

wie Jakob sie zuteilward, als dem Bruder

der Ehrsucht bloß er rein begegnete. –

Am Kreuze unnennbarer Agonien

wandt er das blut- und schweißgetränkte Auge

nicht ab vom Antlitz väterlicher Schöpfung,

damit er seiner Schmerzenssendung diene,

aus der die Überwindung sich gebieret

der irdischen Gebundenheit im Tode.

Île de Lérins

1.

In ihrem Bannkreis löst sich aller Wille,
zerfließen irdische Gedanken, weichen
wie Schatten Licht hingebungsvoll der Stille.

Die lauen Winde auf der Insel schleichen
durch zartbeseelte, baumgesäumte Wege,
die hoch bis in des Geistes Sphäre reichen.

Rings weiße Segel über goldne Stege
hinaus ins ruhige, weite Meer entgleiten,
weit fort vom Spiel im menschlichen Gehege.

Längs des Gestades sich die Felsen breiten,
freundlich umspielt vom Säuseln sanfter Welle,
und schweigen friedlich und in Ewigkeiten.

Und speist sich alles aus der Schönheit Quelle,
erblühende Anmut, ohne sich zu ahnen,
und trägt wie Traum in sich der Wachheit Schwelle

und sehnt sich tief nach liebevollem Namen.

2.

An starken Quadern branden dunkle Wogen,
Mistral reißt Kälte durch die hohen Zinnen,
sanftmütig ist die Wehr dem Feind gewogen.

Arkaden fließend sich den Raum gewinnen,
aufblühen sprudelnd Blätterkapitelle,
einfassend hold ein blumenreiches Innen.

Aus Jesu lebensfrohem Lächeln helle
Vergebung sich als Licht vom Kreuz verbreitet,
zu trösten den in todesbanger Hölle,

der in der Nische Nacht sich selbst entgleitet:
Du, streife alle Ziele ab und bleibe.
Wozu sich härmen? Hier das Wort dich leitet.

Was frommt spat Irren auf der Erden Scheibe? –
Wach im Gebet die Mönche sich verneigen
wie Staub vor seinem martervollen Leibe

und lauschen des Erlösten himmlisch Schweigen.

Der Könige
Zug durch die Wüste

Wenn abgelegt ihr Kleid die Bäume
und frierend bloß im Dunkeln stehn,
da recken sie der Äste Säume
hinauf in himmelferne Räume,
als wollten sie um Rettung flehn.

Da erst wird sichtbar ihr Verlangen,
das jüngst noch schöner Schein umhüllt,
nach jenem Reiche zu gelangen,
in dem die Sonnen ewig prangen
und Lichtes Quell den Durst ganz stillt.

Auch zogen durch die weite Wüste
die Könige in reichem Kleid:
Wie einer, der die Schuld verbüßte
und sich verbannt in Fremde wüsste,
so bargen sie ihr Seelenleid.

Die brachten Gold und alle Gaben
dem Kinde dar wie alte Last,
rein an dem Anblick sich zu laben
und Anteil an der Gnad zu haben,
zu knien in tiefersehnter Rast.

Und milde fließet von dem Sterne
das Licht hernieder dem, der wacht,
und rufet ihm aus trüber Ferne:
Der lauscht – und an dem Stocke gerne
bricht er dann auf in stiller Nacht.

Eldena

Zerfallen starren trutzend deine Mauern
auf grüner Wiese in den stillen Räumen,
Erwachen wiegt sich schwerelos in Träumen,
Erinnerung will lächelnd sich betrauern.

Du musstest dich nur selber überdauern,
die Winde schleiften deine roten Steine
bis auf das Fleisch und Schweigen der Gebeine,
kein wildes Tier wird je dich mehr belauern.

Dein himmlisch Dach ruht fest auf hohen Bäumen,
in goldnen Kronen spielen frei Lichtfunken,
vom Glast der Welt und ihren Farben trunken
versinkt die Ferne tief in deinen Träumen.

Ein hehr Portal steht offen deinem Wesen.
Der Feind mag nahn: Du wirst dich leicht entsetzen,
in Landschaften im Seelenflug versetzen,
die liebend nur der Tote weiß zu lesen.

Heilung

Niemals bleibet das Unheil ohne Vorzeichen und
        Winke,
kündiget es sich an in Himmels Erscheinung und
        Lichtern,
banget das Herz, welche Prüfung ihm nunmehr auf-
        erlegt werde,
mahnet der rechnende Sinn, sich innigst zu rüsten
        und stählen.
Bricht es jedoch herein, so stürzen hernieder die
        Felsen
alles Schicksals Gewalt und wehrlos stehet der Dulder
scharf an der Klippe, darunter dräuen die Biester des
        Abgrunds.
Beten und Handeln weist dann noch den Weg
        durch die Nacht der Verwirrung,
des Alltäglichen Wertung schwindet im Dienste der
        Liebe,
Hoffnung stellet sich ein und striktes Verbot alles
        Zagens,
weil nur dem Demütigen, der zu empfangen bereit ist,
Hilfe und Rettung kann nahen und Gnade der
        himmlischen Führung.

Werkzeuge helfenden Geistes werden dann alle die

Nächsten,

Widersprüche und Ängste und Fragwürdigkeiten des

Menschseins

treten schweigend zurück vor den wirkenden Kräf-

ten des Wunders.

Nichts bedarf es zuletzt als der Dankbarkeit und

der Stille,

die in die Seele sich gießt, wenn der geißelnde

Sturm sich gelegt hat.

Dissonanzen verklingen, Getrennetes findet sich

wieder.

Frieden herrschet, Versöhnung blühet dem Freund

wie dem Feinde,

in lobpreisenden Glauben verwandelt sich Fremd-

heit auf Erden,

dem bedürftgen Geschöpfe begegnet sichtbarer die

Güte.

Nachwort

Zwei Vorstellungen bilden den Auftakt der vorliegenden Anthologie – die in der Überschrift apostrophierte Wehmut sowie des „Dichters Schweigen" aus dem Eröffnungsgedicht. Beide hängen zusammen und markieren einen langen Weg: Von Wehmut erfüllt, die Pein des Lebens und der Welt durchschreitend, wird sich der Dichter schließlich ins Schweigen begeben.

Vor dem Erreichen dieses Zustands klagt uns das Ich jedoch sein ganzes Leid an der Welt – auf einer Wiese liegend, den Mond bewundernd, wird es die Sterne anrufen und um Erlösung bitten oder „sterbensmüde" sich dem „stumme[n] Schmerz" ergeben. Lauschers Poetik des Leids ist voller reichhaltiger Nuancen, tiefschürfend, an der Romantik und an der Décadence geschult. Motive wie das Sterben („oft denk ich lang ans Sterben", Schwer, langweilig ist mir die Zeit) oder das Auseinanderfallen zwischen dem Individuum und dem Leben („Wie bin dem Leben ich abhandenkommen", Schwermut) konturieren weiter die Wehmut und führen den Leser an die Ränder des Lebens und an die Abgründe der menschlichen Existenz heran. Dieses leidvolle lyrische Subjekt schreckt vor den Abgründen allerdings nicht zurück und kann sogar – hier in völlig abgeklärter, schnörkelloser Diktion – in Gleichmut verkünden:

Und wenn ich sterbe, bin ich tot,
dann komm ich nicht mehr wieder.
Und wenn ich sterbe, ist die Not
von hier auf jetzt vorüber.

Nicht gleichmütig ist das Ich der Natur gegenüber. Mit dem Leben und der Welt entzweit, bleibt es doch ein Teil der Mutter Natur, ihr Kind:

Wolken ziehen durch den Himmel,
streng gepeitscht im Wind,
durch die Massen, das Gewimmel
gleit ich wie das Kind.

Lauscher entfaltet in seiner Dichtung das Idyll der Kindheit, auch der ewigen Kindheit vor dem Antlitz und im Schoß der Natur. Am Donauufer, „[f]ernab von Menschenlärm und Ungemach", saugt das lyrische Subjekt den Zauber des großen Stroms ein und besingt ihn. Unter Silberweiden gleitet es dahin und „lauscht". Himmlisch-hymnische Töne und Anklänge an Sturm-und-Drang-Ekstasen entlockt die Natur diesem Kinde der Erde:

O warmer Sommerabendwind,

mit dir möcht ich verwehn

und als ein erdgebornes Kind

den Sternenhimmel sehn.

Es finden sich aber auch herbere, bedrohliche Töne rilkescher Prägung:

Der Wind geht laut

durch Fensterspalten,

wer Wahrheit schaut,

wird bald erkalten.

Die von Lauscher erschaffene Natur ist feingliedrig, „zartbeseelt" wie das Ich, das er in seinen Gedichten entwirft, und vielgestaltig – üppig und verschwenderisch, sanft und liebkosend, duftend und betörend, beunruhigend und gefahrvoll, laut und stürmisch, stumm und mysteriös, aber immer eine Urkraft goethescher Prägung.

An ihr labt sich das Ich, in ihr versucht es Halt zu finden, aus ihr schöpft es Kraft und Gestalt, denn: „[M]ein Geist war krank, ihm fehlte die Gestalt" (Dichters Schweigen). In der Einsamkeit, in der Trostlosigkeit der „leeren Brust" ist die Natur ein Brunnen, aus dem Wahrheit und Poesie, „selige[s] Vergessen" strömen. Herrlichkeit und Glanz der Natur ergießen sich in Synästhesien („Aus blühendem

Borne fließt der Duft hernieder", Flieder), in glühenden Anreden („Ganz nah am Horizont dein volles Leuchten!", Vollmond), in preziösen Neologismen („unbändiges Nachthimmelsgleißen", Vollmond), in kühnen Hyperbeln („Solch Schönheit mag Bewusstsein nicht zu tragen", Die Plage. Ostervision), in der edlen Architektonik des Sonetts – einer von Lauscher mit Vorliebe verwendeten Gedichtform.

Mit Hilfe der Natur entledigt sich das Ich auch falscher Götzen und der eigenen Hybris, um „das Heilge" zu finden. In der Ablösung von der Welt, in der Agonie der einsamen Suche, auf der Wanderschaft ins Ungewisse löst sich auch der alte Wille („löst sich aller Wille, zerfließen irdische Gedanken", Île de Lérins), das alte Ich zerbröckelt und zerfällt, wirft die alten Lasten weg. „[S]tarke Quadern", „dunkle Wolken" säumen den Weg – und der wird vorgezeichnet von Arkaden, die „fließend sich den Raum gewinnen" (Île de Lérins). So schreitet auch das Ich durch Raum und Zeit:

Denk mir keiner, ich vergehe,

nur weil ich kein Licht mehr sehe;

so schnell will ich mich nicht beugen,

weinend auf den Knien zeigen,

nur weil mich die Welt erdrückt!

Vor uns steht ein Ritter, dessen Schwert das freie Denken ist – Letzteres ist bei Lauscher jedoch hochgradig ästhetisch durchdrungen, in das Bild „dunkle[r] Rosen" eingefasst. Seinem Gesinnungsgenossen, Nietzsches einsamem Wanderer gleich, läuft der lauschersche Wanderer an Hängen, an „hohen Flammen" vorbei und einem „eherne[n] Gesetz" folgend der Wahrheit entgegen. Denn dort winkt ein hoher Lohn, wie er weiß:

Wer demütig und liebevoll bestehet
den nächtgen Streit, wird, innerlichst geläutert,
sein eigen Angesicht gewandelt finden,
Versöhnung scheinet ihm in hoher Schöne [...].

Das Ziel liegt „[j]enseits aller Welten". Dort, wo das Schöne, Wahre, Gute, Hehre, Heilige liegt. Dort, wo der Kampf vorbei ist, wo auch der Dichter verstummen muss – in ein „himmlisch Schweigen" gehüllt. Auch die Wehmutslieder klingen aus. Ein geläutertes Ich geht, Raum und Zeit hinter sich lassend, in die Seligkeit, in die Ewigkeit ein: in jene Sphären, wo das Schöne über das Chaos gesiegt hat, aus deren „ungekannten Tiefen" Gedanken und Träume in ihm schon immer aufgestiegen sind. Dort endet seine Reise, dort ist das Ich zu Hause.

Lauschers Poesie ist eine Gabe an den Leser – reich und lebendig, tief- und hochsinnig, uns im Duktus geistiger

Aristokratie aus einer Welt der Wehmut zur himmlischen Harmonie emporhebend.

Galina Hristeva,
im Dezember 2021